DU

DÉSARMEMENT,

CONSIDÉRÉ DANS SES RAPPORTS

AVEC LA SITUATION ACTUELLE ET RELATIVE

DES DIVERS ÉTATS DE L'EUROPE.

PAR M. DE FAVENTINE.

PARIS.

Vᵉ LE NORMANT, LIBRAIRE, RUE DE SEINE, 8.
DELAUNAY, PALAIS-ROYAL.

—

1853.

b⁵¹ 1719.

DU

DÉSARMEMENT,

CONSIDÉRÉ DANS SES RAPPORTS

AVEC LA SITUATION ACTUELLE ET RELATIVE

DES DIVERS ÉTATS DE L'EUROPE.

IMPRIMERIE LE NORMANT, RUE DE SEINE, N° 8.

DU
DÉSARMEMENT,

CONSIDÉRÉ DANS SES RAPPORTS

AVEC LA SITUATION ACTUELLE ET RELATIVE

DES DIVERS ÉTATS DE L'EUROPE.

PAR M. DE FAVENTINE.

PARIS.

Vᵉ LE NORMANT, LIBRAIRE, RUE DE SEINE, 8.
DELAUNAY, PALAIS-ROYAL.

1833.

PRÉFACE.

Quelles que soient les charges qui pèsent sur
la France, on ne saurait se le dissimuler dans les
circonstances actuelles, elles ne peuvent être di-
minuées. Ces charges viennent surtout du grand
nombre de troupes que nous avons sur pied.
L'objet de cet écrit étant d'examiner si ce nombre
de troupes est nécessaire, nous laisserons les
lecteurs prononcer eux-mêmes sur ce point,
lorsqu'ils l'auront lu. La France, désarmée et divisée à la fois, ainsi que nous sommes forcés d'en
convenir, en deux camps, est heureuse que des
hommes sages et habiles se trouvent placés dans
la condition de pouvoir lui conserver le rang
qu'elle doit tenir parmi les nations de l'Europe ;
la tâche de ces hommes est pénible, difficile,
puisqu'ils ont à lutter contre deux opinions éga-
lement énergiques : rester en équilibre entre
ces deux opinions, et cheminer sans trébucher,
suppose une justesse de calcul peu commune.
Félicitons-nous de leur habileté ; espérons que
de tels hommes nous tireront de la situation
équivoque où nous nous trouvons vis-à-vis de
l'Europe.

Ne se pourrait-il pas qu'il résultât pour la
France, de la tourmente qui agite l'Europe, un

accroissement de territoire? Si la Turquie était démembrée, nous pourrions pousser nos frontières jusqu'au Rhin; les Belges sont depuis long-temps Français par leurs vœux, ils tiennent peu à leur roi. Ils nous ont déjà deux fois ouvert leurs pays, et si l'on pouvait dédommager le roi de Hollande de la perte de la Belgique, on concilierait de bien grands intérêts, dont le moins puissant ne serait pas d'avoir séparé deux peuples qui ont en horreur leur union, dont l'un a tant de sympathie pour nous. On ajouterait un avantage plus grand dont toute l'Europe profiterait, celui d'avoir donné à la France ses frontières naturelles.

Lorsque toute l'Europe est en arme, la France doit-elle diminuer ses moyens de défense? doit-elle ne pas fixer ses yeux sur l'Orient? Si l'irruption d'un pacha est une des conséquences de juillet, que l'espoir de la neutralité des puissances de l'Europe, dans la lutte qu'il a entreprise contre son souverain, l'ait déterminé à lever l'étendard de la révolte pour se rendre indépendant, ne devons-nous pas espérer que, dans le congrès que l'on annonce pour terminer les affaires de l'Orient, nous pourrons trouver une occasion de faire valoir les justes prétentions que nous avons d'ajouter la Belgique aux provinces qui forment notre beau royaume? Plus que jamais en ce moment la France doit se mon-

trer forte, je ne dis pas la France révolutionnaire et menaçante, animée par le désir d'une
fausse gloire, de l'esprit de conquête, mais la
France monarchique; tôt ou tard nous rentre-
rons dans la grande coalition européenne dont
nous nous sommes séparés; espérons que, lorsque le congrès sera rassemblé, l'on n'y trou-
vera plus une France telle que ce serait en vain
que nous le dissimulerions, divisée par des partis prêts à en venir aux mains, dont l'un s'élance
en aveugle vers un avenir qu'il embellit de chimères, et qu'il suppose être exempt de toute
crainte fondée de dangers; dont l'autre veut
conserver et accaparer à son profit, ou au profit
des siens, les honneurs et les dignités. Auteur
de la révolution de juillet, il prétend en jouir.
Un autre enfin qui regrette et appelle le temps
passé de ses vœux, qui, croyant que les puissances ne peuvent de bonne foi reconnaître le
gouvernement révolutionnaire, pense qu'elles le
détruiront alors qu'elles craindront qu'il ne se
consolide, et laisseront les partis subsister prêts
à s'entrechoquer, jusqu'à ce que la lassitude
les ait rendus impuissans. Tel est l'aspect que
présente la France; l'anarchie est dans les esprits, c'est-à-dire, au cœur de la France. Que
faut-il dans de telles circonstances? sinon que les
hommes sages qui sont au pouvoir veillent jusqu'à ce que cette boutade, cette folie, ce vertige

aient disparu. Ces hommes savent, je me plais à le penser, ce qu'il convient de faire.

L'objet de cet écrit est de mettre sous les yeux des hommes de bon sens, à la fois, l'état de l'Europe et celui de la France, et de montrer les conséquences probables qui doivent résulter de l'état d'inquétude et de malaise qui a mis le trouble dans toutes les existences. L'homme riche craint de perdre sa fortune; le pauvre craint de mourir de faim. Dans un tel état il faut une transaction, et la France qui est la cause de tant de maux doit prendre l'initiative. C'est surtout en ce moment, comme dans toutes les révolutions, sur le peuple que se déversent toutes les douleurs : l'homme riche se restreint, la famille du pauvre souffre. S'ils étaient témoins de tant de maux; si ceux qui appellent les révolutions de leurs vœux visitaient les chaumières, ils y trouveraient les moyens de calmer leur humeur turbulente. La France doit rendre le calme à l'Europe : l'Europe a deux fois montré de la modération dans ses vengeances; elle s'est montrée clémente, ne demeurons pas en arrière : sachons que sur ce grand continent, c'est surtout de notre union que dépend notre prospérité; il dépend de la France de rendre à ce grand continent cette sécurité qu'il a perdue : c'est une tâche glorieuse à remplir.

DÉSARMEMENT,

CONSIDÉRÉ DANS SES RAPPORTS

AVEC LA SITUATION ACTUELLE ET RELATIVE

DES DIVERS ÉTATS DE L'EUROPE.

CHAPITRE PREMIER.

LA révolution de juillet a dérouté les calculs des plus habiles publicistes, a échappé à la prévision des hommes de tous les partis; elle s'est faite contre un pouvoir que l'on nommait tyrannique au profit de la liberté; on est encore à réclamer ses conséquences qui étaient l'espoir de ceux qui l'ont entreprise. Sans doute la révolte contre un pouvoir tyrannique est légitime, et si l'on s'est armé pour obtenir la fin du règne d'un tyran, rien n'est plus légitime, rien n'est plus juste. La conséquence légitime de la tyrannie exercée sur un peuple est au profit de ce peuple la résistance; oserai-je le proclamer la révolte? Charles X était-il un tyran? Non, Charles X n'était pas un tyran. Mais telle n'est par la question que nous voulons traiter; il s'agit des conséquences de la révolution de juillet, non des conséquences que réclame un parti qui proclame son amour pour la liberté, mais des conséquences naturelles et forcées qui devaient naître de la révolution, soit en France, soit dans les pays qui sont placés sur le continent européen. L'on ne saurait se le dissimuler, dans ce grand continent, tous les hommes, tous les peuples sont solidaires; nier cette vérité est l'effet de la mauvaise foi ou de l'aveuglement; ceux qui prétendent échapper comme Français à cette solidarité dans les mesures législatives ou gouvernementales me parais-

sent ou bien orgueilleux ou bien impru-
dens; les hommes de juillet ne méritaient
sans doute aucune de ces dénominations,
puisqu'il est prouvé par leurs actes qu'ils
mettaient de l'importance à ce qui se faisait au-delà des limites de la partie du continent qu'ils voulaient soustraire à l'influence des autres pays qui le composent.
Une armée de cinq cent mille hommes, la
propagande semée chez les peuples, un
système demi-pacifique, demi-belliqueux,
proclamé sous la dénomination de non-intervention, dans le temps que ceux qui le
proclamaient hautement le violaient en secret, démontrent assez avec quelle douceur,
quelle bonne foi voulaient agir les hommes
qui avaient renversé le gouvernement de
Charles X. Les hommes qui ont pris parti
dans les événemens de Belgique, d'Espagne, de Pologne, d'Italie, soudoyés par
les hommes de la propagande, le procla-
ment, et ce n'est plus un secret; en Portugal don Pédro a reçu des renforts qui témoignent de la bonne foi que l'on met à

exécuter le système de non-intervention.
Les représailles né sauraient justifier ceux
qui malgré le vœu des hommes du pouvoir
exercent une propagande funeste ; il me
suffit en ce moment de prouver la mauvaise
foi des hommes des intérêts desquels je
m'occupe, je ne dois pas oublier que nous
sommes sous la protection du même gouvernement et solidaires de nos actes vis-à-
vis de l'Europe.

La prudence a fait un devoir aux puissances européennes d'élever le contingent
de leurs troupes en proportion de celui de la
France : ne déclinant pas comme nous leur
solidarité respective, il suffisait peut-être
pour elles d'un traité d'alliance pour résister à l'agression dont elles pouvaient devenir l'objet et de se tenir en garde contre
la propagande : effrayées par nos arme-
mens, elles se sont à la fois unies et armées
pour nous attendre de pied ferme, et pa-
raissent avoir adopté un moyen de défense
qui, s'il est suivi avec constance ainsi que
leur intérêt paraît le commander, sera un

moyen assuré de paralyser nos efforts, et nous forcera à entrer dans le système européen de solidarité naturel suivi depuis un long temps. Les puissances, par l'alliance qu'elles avaient formée en 1815, s'étaient engagées à tenir sur pied, durant une période qui n'a point été dépassée, un nombre suffisant de troupes pour résister à l'esprit révolutionnaire et de conquête qui dominait surtout en France, et dont elles avaient été victimes. Ces troupes élevaient leur contingent assez haut pour que, sans dégarnir les lieux où elles pouvaient craindre l'esprit de propagande, elles pussent repousser l'agression de la France qu'elles avaient imaginé devoir tôt ou tard avoir lieu : ont-elles durant quinze ans agi dans cet esprit? Ont-elles conservé le nombre de troupes qu'elles s'étaient engagées à conserver? Tout le fait supposer : la propagande révolutionnaire avait agi, et ses effets avaient démontré la nécessité de se tenir en garde contre elle : la révolution de juillet elle-même ne doit les avoir surprises que par l'époque où elle a éclaté ; elles étaient en mesure contre elle et tout indique qu'elles pouvaient la repousser : trompées sur l'époque, leur système de répression a manqué son effet : de toute part l'esprit révolutionnaire a éclaté ; mais la preuve qu'elles étaient en mesure de le vaincre, c'est qu'il est déjà à demi vaincu. Si nous exerçons une propagande pour semer le trouble dans la monarchie, elles doivent en exercer une pour maintenir l'ordre ; il est déjà près de renaître, et leur système est déjà couronné du succès. L'on a employé beaucoup d'or pour semer le trouble : des comités étaient entretenus à grands frais dans les villes principales de l'Europe. Le trouble a éclaté successivement dans l'espace de quinze ans par l'effet de ces machinations, d'abord à Naples ; plus tard en Sardaigne ; successivement en Espagne, en France, en Belgique, en Pologne, dans les états de la confédération germanique ; en Suisse, en Italie, en Espagne de nouveau. Tous ces troubles n'ont produit d'autres effets que celui de fatiguer les peuples, de désabuser quelques esprits inquiets : persuader tout le monde de la nécessité de se soumettre aux gouvernemens établis, dégoûter une foule d'hommes ambitieux, pervers, d'une sprit chagrin ou trop désireux de la perfection, de tenter de changer les lois de leur pays, c'est assurément pour ces hommes qui ont semé le trouble un spectacle bien capable de les désabuser que de contempler en ce moment l'état de malaise, d'inquiétude de la France, de la Belgique, de la Pologne, de l'Italie, et de le comparer à celui dont ils jouissaient chacun avant leur révolution. Heureusement, et l'expérience en est faite, si l'or ou le crédit ont troublé les sociétés européennes, l'or même semé avec plus d'abondance, de raison, de bon sens, fera reparaître l'ordre, et le désappointement de ceux qui ont employé leurs richesses et la fortune que les gouvernemens ont le tort de leur garantir, lorsqu'ils l'emploient à le détruire, sera complet. A les voir rayonnans de joie, on penserait qu'ils sont animés de l'esprit du génie du mal, qu'ils se réjouissent des malheurs du genre humain.

La guerre que nous fait l'Europe en ce moment est de nature à nous vaincre sans verser du sang. Elle doit épuiser toutes nos ressources financières ; elle doit ruiner notre crédit ; elle doit, diminuer la confiance qui maintient parmi nous une circulation de richesses qui porte l'abondance. Lorsqu'il n'y aura plus de crédit, ou, ce qui est équivalent, de confiance, parce que l'or, valeur représentative des richesses, sera absorbé par les besoins du gouvernement, qui sera obligé, par le défaut de confiance pour ceux qui se chargeaient de fournitures diverses, de compter lui-même l'or qu'il n'osera confier, alors, il ne nous restera qu'à marcher tous en corps contre l'Europe, qui, moins épuisée que nous, liguée, et sur la défensive, se rira de nos efforts ; nos manufactures auront beau produire, rien ne sortira de France, et le propriétaire seul, riche alors que le crédit n'existera plus,

n'aura aucun excédent apauvri; obéré, disputera au percepteur le morceau de pain
qu'il destinera à se défendre contre la faim.
Nous arrêterons-nous avant d'être parvenus à un semblable état?

L'entretien d'un nombre de troupes,
que la prudence nous fait un devoir de tenir sur pied, doit donc nous ruiner entièrement : celui que les puissances doivent
leur opposer leur coûtera peu, dussent-elles
avoir en commun cinq cent mille hommes
de plus : j'estime qu'un tiers serait suffisant; que serait-ce pour elle ? L'entretien
de ces troupes ne saurait à peine altérer
leur état financier, et une légère augmentation d'impôt couvre cette dépense. Nous
payons déjà près d'un tiers de plus d'impôt,
et nos coffres sont vides. L'Europe nous
joue au roi dépouillé : heureuse la France
si, lorsqu'elle sera réduite à l'état de tristesse que nous prévoyons, elle n'est pas
morcelée et ne subit pas le sort de la Pologne ! Que l'on y songe, nous ne pouvons
faire face à tant de dépenses. Napoléon ré

sista par les armes aux efforts de l'Europe monarchique, il termina sa vie politique en guerrier ; tâchons de ne pas mourir de misère ! Des machinations secrètes ne peuvent être l'objet d'un calcul. La surveillance seule et une stratégie souterraine, semblable à celle qu'un ennemi emploie dans un siége, une mine que repousse une contre-mine, sont les seuls moyens dont les puissances pouvaient user avec succès pour repousser la propagande. On ne sait jusqu'à quel point elle peut réussir, ni être assurée de la repousser : sous ce rapport, je pense que la stratégie française demeure en arrière de celle des autres peuples. S'il s'agissait d'emporter d'assaut ou de vaincre au grand jour les troupes des souverains étrangers ; la France aurait une supériorité dont elle a fait des expériences nombreuses ; mais la guerre souterraine ne peut convenir aux hommes idolâtres de la gloire.

Si quelque chose pouvait séduire les étrangers, c'était uniquement la liberté dont nous jouissions durant les quinze années

de la restauration ; liberté qui ne peut aujourd'hui être l'objet de leur désir, comme
elle peut être pour quelques uns en France
l'objet de bien des regrets. La propagande
libérale et révolutionnaire ne doit donc
pas exciter les justes désirs des peuples
voisins, et, s'ils veulent la liberté, ils peuvent choisir indifféremment en Europe des
gouvernemens modèles. Si un besoin général de liberté agite les peuples de l'Europe aujourd'hui, ce n'est pas par désir
d'imitation qu'ils doivent être excités. Si
la restauration avait entr'ouvert une ère de
liberté qui pût exciter leur envie, un besoin plus pressant leur est démontré depuis
la révolution de juillet ; ce besoin est celui
de l'ordre : espérons qu'il sera la conséquence que nous aurons obtenue de cette
tourmente.

Deux principes sont en présence en Europe, celui de l'hérédité et celui de l'élection. Ce dernier menace le trône, menace
la famille, menace la société tout entière.
Le principe de l'élection est, en d'autres

termes, l'insurrection en permanence dans l'État, comme il est dans la famille la dissolution de ses moyens de conservation. L'application du système des saint-simoniens, de donner à chacun selon sa capacité, est un mode d'élection qui déplace le principe de l'hérédité: ce système, soit que l'on veuille l'appliquer aux hommes qui possèdent le pouvoir sur la société, soit à ceux qui possèdent la propriété dans la famille, n'est, dans ses conséquences, en résumé, que l'anarchie dans l'État et la dissolution de l'ordre social, puisque le pouvoir en est l'appui, le protecteur, la propriété, le moyen. C'est ainsi qu'en déplaçant le principe, on déplace la conséquence. On ne peut déclarer la couronne élective qu'en consentant aux conséquences qui émanent de l'élection; conséquences qui, en rendant le moyen de la société commun, c'est-à-dire la propriété commune, remet l'existence de la société en problème, et suppose la nécessité de la création de nouveaux moyens de conservation.

Heureusement les hommes qui ont fait et maîtrisé l'insurrection étaient comme nous persuadés des fâcheuses conséquences du principe. Une nécessité pressante les a portés à admettre à la place de la justice la force ; la force introduite, ils ont cru pouvoir trouver dans la force même les conséquences de la justice. Faut-il que les peuples fassent une expérience bien longue d'un pareil essai ? Sera-t-il besoin d'un temps bien long pour que la force devienne protectrice aux mêmes conditions que la justice ? Ont-ils condamné une génération à subir les effets de leur expérience ?

Il est à craindre que le principe de l'insurrection admis, ou, ce qui est équivalent, celui de l'élection, des factieux ne se persuadent que chaque barricade ne recèle une couronne : on doit présumer que, désormais si elle tombait dans de semblables retranchemens, elle ne serait relevée que pour être placée sur une tête plébéienne. Ceux qui en disposeraient craindraient trop de la mettre sur un front qui pût la déposer sans péril, et auquel un tel sacrifice pût être commandé par son intérêt même, pour lequel enfin le titre de conciliateur serait plus glorieux que celui qu'il n'était pas en sa puissance de repousser. Deux générations de rois ont jeté loin d'elles ce pesant fardeau quand l'Europe leur servait de point d'appui. En partant pour l'exil, deux princes ont consommé un grand sacrifice ; il était tout entier au profit de la France : la France le reconnaît et l'admire. L'Europe en attend un autre. Puisse celui qui est appelé à le faire se rendre digne de notre amour en échangeant la couronne du martyr pour celle de l'immortalité !

CHAPITRE II.

La révolution de juillet a fait naître dans la position respective et intrinsèque des peuples des opinions diverses : la liberté était l'idole qu'ils encensaient avant sa consommation ; elle seule était l'objet d'un culte pour lequel ils eussent souffert comme les chrétiens des premiers âges les tortures les plus inouïes : ceux-ci voulaient aussi échapper à la tyrannie , ce n'était pas une couronne matérielle qu'ils espéraient obtenir, mais la couronne de l'immortalité. *Mens agitat molem*, dit M. l'abbé de La Mennais en parlant de l'esprit qui agite les peuples * ; s'il considérait de plus près les sentimens qui les dominent, il trouverait que c'est bien plus les passions déchaînées qui les excitent par leur brutalité que l'esprit qui tend à s'élever au-dessus de la matière. La liberté pour quelques uns ; l'esclavage pour tous : telle est la fin désirée ; l'adage favori des hommes qui se disent les amis de la liberté, témoin ces saint-simoniens dont le langage patelin n'a d'autre objet que de faire des dupes, manière nouvelle de demander, comme le faisait le peuple romain, la loi *agraria*. Se croyant sans doute plus sages que les tribuns romains, les ministres français, au lieu de faire briller à leurs yeux l'espoir de voir triompher cette loi, la repoussent : inutiles efforts dont la raison et la nature se rient et qui décèlent l'impuissance. Ne savent-ils pas que la multitude égarée enfante sans cesse des rêves qu'elle tenterait de réaliser si la société ne reposait sur des

* Progrès de la révolution.

bases inébranlables? Le saint-simonisme n'est que l'expression élégante de la plus atroce démagogie, qui élève la voix au temps de désordre et de calamité publique, et que l'ordre fait rentrer dans la poussière d'où elle s'était élevée.

Lorsque les sociétés sont établies et que l'on les fait dévier de leur marche, l'on ne peut prévoir ce qui naîtra de cette déviation : des besoins nouveaux sont créés qui demandent ou l'emploi de la force pour les refouler, ou des concessions dont on ne peut prévoir les conséquences : mieux est pour les hommes du pouvoir de chercher dans le passé des chaînes qui puissent lier des temps et des choses que la Providence a destinés à se succéder. Telle est la force de l'habitude ; véritable liberté que l'on ne saurait refouler sans précaution et sans danger.

La France semble destinée à faire à ses dépens, au profit des autres peuples, des expériences gouvernementales dont les peuples demeurent spectateurs. Sont-ils plus sages ou moins turbulens que nous? Leur rôle dans ces grands drames dont nous faisons tous les frais n'est-il que celui de spectateurs? Tantôt excitant leur admiration, tantôt excitant leur haine, nos mouvemens politiques depuis 1789 les ont émus de bien des manières. Que sont nos révolutions? sinon des élans où, en vertu du principe de la souveraineté du peuple, des hommes audacieux s'emparent du pouvoir, qui bientôt leur est arraché par d'autres au nom du principe de la souveraineté du peuple, de ce peuple qui n'a jamais eu de volonté que celle de l'homme ou de la faction, les plus audacieux, les plus intéressés; aucun sentiment qu'un vague désir de gloire, de liberté, ne l'a ému; c'est toujours pour des chimères et contre des chimères qu'il s'est battu. Des leçons qui nous coûtent tant d'or, tant de sang, tant de sollicitudes, seront-elles seulement au profit des peuples qui nous contemplent? Avons-nous encore des expériences nombreuses à faire? Demeure-t-il encore au fond de notre esprit quelque théorie dont la tentative que nous devons faire de ses succès offre à l'Europe un spectacle nouveau ?

Les peuples de l'Europe qui ont voulu imiter la France n'ont pu parvenir encore à intéresser longuement les spectateurs par leur folie ; la Belgique seule offre un petit théâtre annexe de la France qui tient tous les autres peuples attentifs : le roi Guillaume dans ce pays est un acteur d'un grand caractère devant lequel s'efface le fade rôle de Léopold ; sans la citadelle d'Anvers, où tant de guerriers ont perdu glorieusement la vie, sans doute pour prouver au monde que la gloire ne s'est pas enfuie du sol français, la Belgique et ces scènes tumultueuses, ces prétentions contre nature, ces rodomontades belliqueuses, cette persistance dans la plus déplorable condition de nationalité, n'offrirait rien que de ridicule, de mesquin.

L'Italie, semblable à une houillère dans laquelle la France de juillet s'est introduite pour embraser les antres noircis du carbonarisme qu'elle a aussi entrepris d'exploiter, s'agite encore ; l'atmosphère politique de l'Europe doit-elle recevoir toutes les émanations carbonarisées de ce pays avant d'être en paix?

Que deviendra l'Espagne lorsqu'elle aura reçu dans son sein les hommes réchauffés au foyer qu'habitent les hommes de toutes les insurrections ?

Je ne demande pas ce que deviendra la Pologne ; elle est trop grande, trop glorieuse, trop infortunée ; je n'ai pour elle que des larmes......

Que devient l'Autriche ? Occupée de l'Italie, son télescope braqué sur Paris, que craindre et qu'espérer d'elle ?

La Prusse, compagne inséparable et obligée de la Russie, demeure spectatrice.

La Russie se repose ; ses blessures se cicatrisent ; ses coffres se remplissent.

L'Angleterre, en proie aux expériences, nous offrira peut-être encore de nouveaux drames : les modes françaises tourneront-elles beaucoup de têtes dans ce pays? Le radical s'affublera-t-il du bonnet et de la cravate du jacobin français?

La confédération germanique que n'a pu soulever à la fois la propagande française, image de la situation des puissances de l'Europe que des leviers placés à Paris n'ont pu soulever dans le même instant, est soumise au joug qui lui convient, une triple ceinture forte et bienfaisante la rend homogène : protection contre nature mais nécessaire, conséquence funeste de la division des états pour former des apanages aux princes qui la gouvernent : image de la France féodale, que lui manque-t-il pour être royaume, qu'un prince au lieu d'oligarques? Véritable république! Objet, je n'en doute pas, d'envie pour une foule de révolutionnaires qui rêvent une confédération française; semblable à une pièce de marqueterie dont les puissances disposent lorsqu'elles sont unies, la confédération germanique concordera toujours avec ses voisins qui sont pour elle tour à tour ou oppresseurs intéressés et cupides, ou protecteurs officieux et bienfaisans.

Les puissances se sont-elles armées en 1814 et 1815 contre Napoléon? ou bien, ainsi qu'elles l'ont déclaré, contre la révolution, dont elles ont craint les effets? La république est surtout l'objet de leur crainte, et les puissances désirent que la monarchie soit héréditaire en France, comme elle l'est sur tout le continent européen ; elles craignent ce que nous avons à craindre nous-mêmes , les troubles d'un interrègne et l'esprit révolutionnaire qu'elles ont laissé , par leur inaction en 1789 , prendre assez de consistance pour entreprendre contre elles tout ce qui peut favoriser l'esprit qui le dirige, c'est-à-dire les effets de la démocratie. Il ne peut venir à la pensée de personne que ce soit par affection de cœur que les puissances aient renversé Napoléon pour placer, sur le trône qu'il occupait , la branche héréditaire et légitime des Bourbons ; elles savent trop de quelle importance il est pour elles de respecter le droit des gens. Un souverain qui règne est, à leurs yeux, une puissance qui représente dans l'intérêt de leur peuple tout ce qu'il est important qui soit représenté. Si ce souverain leur offre des garanties, elles traiteront avec lui ; s'il ne lui en offre pas, elles le renverseront. Unies, elles seront plus fortes que la France : l'expérience en est faite ; elles ont vaincu Napoléon deux fois, et si elles ne le renversaient pas par les armes, elles le feraient autrement. C'est aux rois de l'Europe à juger si le prince qui nous gouverne leur offre des garanties suffisantes par lui-même ou par sa position ; il savent comment il est parvenu au trône. Leurs trônes, ébranlés dans leur base, chancèlent encore : ils en ont frémi. L'exemple est contagieux. Aucun souverain ne s'exposera à être, ainsi que le dit M. de Chateaubriant, « renversé par un pavé et remplacé par un cousin. » Que penser néanmoins de leur indifférence au sujet du trône de Suède ? Une famille, amenée par une révolution, règne sur ce pays ; la famille royale légitime est exclue ; c'est sous les auspices de la révolution que s'est faite cette inauguration. Mais la France est autrement importante dans la balance politique de l'Europe que la Suède. En Suède, l'usurpateur a légitimé, par le bonheur dont il fait jouir ses sujets, son origine, et des troubles s'éleveraient s'il s'agissait de le déplacer. Les souverains le souffrent, peut-être, comme les révolutionnaires souffraient la branche aînée des Bourbons sous bénéfice d'inventaire, et tôt ou tard ils replaceront la famille qui n'a de tort que celui d'être moins populaire que celle qui règne. Ces observations n'ont pas échappé aux hommes clairvoyans : soit sympathie, soit antipathie pour une famille qui les a plus ou moins bien traités, tous sont en défiance d'un avenir qui leur paraît incertain, et appliquent au trône de France les conséquences qui résultent de la tolérance des puissances de l'Europe pour l'illégitimité de la famille régnante de Suède; nous pensons que les troubles de ce pays pèsent peu sur l'Europe; l'aristocratie, qui est toute-puissante en ce pays, les rassure. Ber-

nadotte a légitimé son usurpation en mar-
chant contre Napoléon, en entrant dans la
coalition qui l'a détrôné.

Il ne sera pas inutile de signaler un
progrès important de l'opinion. Il n'y a
pas long-temps encore, on proclamait
dans les feuilles publiques, à la tribune
même, que les peuples, avides de liberté,
voulaient partout secouer le joug de leur
prince; l'humanité, disait-on, est parvenue à un âge de maturité qui lui permet de
se gouverner elle-même; les hommes, par-
qués comme des troupeaux, doivent cesser
d'être la proie des hommes qui les gouvernent; chacun a le droit d'espérer de réaliser à son tour les rêveries bienveillantes qui
ont pour objet l'amélioration de la condition humaine; les peuples étaient, le disait-
on, las de la tyrannie. La guerre des peuples
contre les rois était déjà commencée par
l'organe des journaux; à peine quelques
uns osaient-ils encore se déclarer monar-
chiques. La révolution d'Espagne avait été
un premier engagement de l'avant-garde;

plus tard la France, état-major, avait réalisé l'utopie chérie des hommes mûrs, ainsi qu'on le proclamait pour la révolution. Observons que ces hommes mûrs étaient la plupart des écoliers, non sans mérite et sans courage, mais des jeunes hommes effervescens et égarés, chez lesquels la réflexion est déjà parvenue à dissiper l'erreur. La guerre des peuples contre les rois a pourtant été enrayée, et la régénération politique que l'on espérait n'a pas eu lieu ; l'état-major lui-même a reculé devant son œuvre ; les régénérateurs subalternes ont seuls, armés de la propagande, tenté de soulever les masses à l'aide des subdivisions avec lesquels ils correspondaient. Un homme qui n'est plus, quelques uns avec lui, survinrent et dirent aux peuples : Vous n'irez pas plus loin. Cet homme, ou ces hommes n'avaient pourtant qu'une volonté et qu'une force humaine ; mais ils voulaient une chose juste et raisonnable, et les hommes qui se disaient le peuple, loin de vouloir quelque chose de juste et de rai-

sonnable, ne savaient ce qu'ils voulaient :
circonstance bien remarquable dans le progrès que nous signalons ; un seul, sans mission, est plus fort que l'Europe. Serait-ce
quelques troupes qui retiendraient un élan
général ? serait-ce quelques hommes qui
paralyseraient les efforts des peuples avides
de liberté ? Et rien ne prouve mieux la va-
nité de la maxime de la souveraineté du
peuple, que la proclamation de l'esclavage
auquel il est soumis. Puisqu'il est souverain, au lieu de se plaindre, que ne brise-
t-il sa chaîne ? Le peuple n'a de force que
lorsqu'il est pressé par le besoin ; une seule
voix, dans ce cas, est plus puissante que
lorsque tous crient à la fois. C'est la justice
suprême qui donne aux masses leur force,
comme elle l'a donnée, après la révolution
de juillet, à quelques hommes. Telle est
une des conséquences les plus heureuses de
cette révolution, d'avoir apparu comme
un flambeau qui a dissipé bien des erreurs.
Combien d'hommes, qui étaient imbus des
maximes funestes à la prospérité des peu-

ples, qui voulaient réaliser les utopies des novateurs, qui remettent aujourd'hui le soin de leur avenir au monarque qui a seul puissance et droit de les gouverner, et de les faire jouir de la sécurité, objet de leurs désirs?

CHAPITRE III.

Coup d'œil sur l'état actuel de la France.

Nous allons, dit-on, désarmer; nous devons avoir sans doute de bien grands motifs de sécurité; les relations que nous avons avec nos voisins doivent être amicales. Comment se fait-il que la présence des ambassadeurs étrangers à Paris, celle de nos ambassadeurs auprès des autres souverains, n'aient pu parvenir à rassurer personne sur le projet que l'on suppose qu'ont formé les puissances de l'Europe de renverser l'édifice révolutionnaire élevé en juillet? Que le gouvernement français, par les soins multipliés qu'il donne à l'armée, semble, en proclamant les vues pacifiques des souverains, se défier à la fois de leurs protestations? Comment se fait-il que plusieurs expéditions, savoir en Portugal, en Italie ; deux expéditions en Belgique, toutes couronnées de succès, n'aient pu encore donner, savoir, aux commerçans, la confiance nécessaire pour se livrer à leurs spéculations ordinaires ; au gouvernement assez de confiance pour cesser de considérer comme nécessaire la présence d'une armée si nombreuse et d'un entretien si ruineux ? L'expédition d'Anvers aurait-elle dissipé les nuages qui obscurcissaient la vue de la diplomatie française ? L'impassibilité du roi Guillaume, celle de la Prusse est-elle suffisante pour inspirer assez de sécurité au gouvernement pour diminuer le nombre de ses troupes ? Le sera-t-elle assez pour rendre la confiance aux spéculateurs de tout genre ? La réponse est au bout ; et, si les fonds publics sont la mesure du degré de confiance qu'inspire le gouvernement, depuis la conquête d'une citadelle prise avec l'assentiment, ou malgré l'assentiment de l'Europe, il suffit d'un coup d'œil sur la cote des fonds, pour répondre : la confiance n'a pas augmenté ; les motifs de sécurité propres à ranimer le commerce comme ils étaient avant la campagne de Belgique, à cela près de l'augmentation du budget qui ne sera pas diminué, dont nous ignorons les chiffres exprimant les millions que nous ont coûtés les boulets, les bombes et la poudre que nous avons tirée pour débusquer une garnison qui nous a tué tant de braves officiers, tant de valeureux soldats ; l'état financier de la France est le même.

Pourquoi tenir sur pied une armée si nombreuse, si nos relations sont amicales ? L'agriculture fait de nombreuses pertes ; les impositions ruinent les contribuables ; la défiance demeure dans l'esprit des spéculateurs. Si nos relations sont pacifiques, pourquoi demeurer sur le pied de guerre ? Tant que cet état sera maintenu, les spéculateurs prudens ne hasarderont pas leurs fonds.

Les troubles de l'Ouest, ceux du Midi rendent nécessaires des mouvemens de troupes nombreux : plus l'on emploiera d'hommes pour les comprimer, moins on versera de sang ; il vaut mieux les empêcher d'éclater que d'être obligé de les combattre ; cela est raisonnable. Mais est-il nécessaire d'une armée si nombreuse ? S'il ne faut que prévenir les troubles, l'ancien contingent suffit ; s'il faut céder à la crainte que l'on dissimule peut-être de la guerre étrangère, le nombre de nos troupes est insuffisant : si nous avions la guerre, ce serait avec toute l'Europe à la fois. Dans ce cas, nous aurions aussi à combattre l'Ouest et le Midi qui ne manqueraient pas de poursuivre leur projet lorsque les troupes qui les contiennent seraient occupées à l'étranger.

Nous ne devons pas perdre de vue ce que nous avons dit plus haut de la solidarité de l'Europe : il s'est formé deux unités d'opinion : l'une veut la monarchie héréditaire, et pense qu'un chaînon qui en interrompt le cours produit l'effet que produirait sur un tissu l'interruption de la

trame qui le compose ; là où le fil manque,
il y a solution de continuité, et l'étoffe est
un objet de rebut. D'autres, au contraire,
veulent la monarchie, mais la veulent sous
condition que le chef sera à leur dévotion.
Ces deux opinions agissent chacune dans
leur unité solidairement, et pour elles il
n'y a pas de frontières ; chacune connaît
son drapeau et s'y rattacherait au besoin.
Nous développerons plus tard de quelles
catégories d'opinions se recrutent de telles
masses ; pour le moment il nous suffit d'é-
noncer notre pensée en ce qu'elle a de
relatif à la situation actuelle de la France.

Lors des troubles d'Espagne, sous le
règne de Louis XVIII, si les Espagnols
eussent pénétré en France un drapeau tricolore à la main, ils eussent fait de nombreuses recrues. Si, en juillet 1830, une
colonne de cinquante mille hommes eût
pénétré en Italie, drapeau tricolore en
tête, elle se serait insurgée tout entière :
aujourd'hui le prestige n'est plus le même,
et sa présence produirait peu d'effet. Pense-

t-on qu'une colonne de cinquante mille
hommes, drapeau blanc en tête, ne ferait
pas aussi de nombreuses recrues dans le
Midi? Pense-t-on que cette colonne, aug-
mentée des partisans de la monarchie héréditaire, ne parviendrait pas jusque dans
l'Ouest?

Les opinions sont donc représentées en
Europe par deux drapeaux, et le progrès
de la puissance et de la force de chacune
peut se mesurer par le nombre des hommes
qui s'y rattachent ou par le nombre de ceux
qui s'en séparent. Tel voyait hier le drapeau tricolore briller à ses yeux comme le
sauveur du monde dont le prestige s'est
effacé. Le drapeau blanc a ses transfuges
aussi; à l'époque de la prospérité des peuples, ceux qui voulaient la perfection dé-
sertèrent ce drapeau qui leur paraissait
d'une fade couleur; l'histoire est là pour
répondre s'ils avaient tort ou raison.

Il importe peu à l'opinion que l'on qualifie de carliste, et qui se rattache au drapeau des monarchies héréditaires, le nom

des hommes qui gouvernent, et les trois couleurs, image symptômatique précurseur des orages, si ce beau temps qu'elle regrette revenait. Les carlistes n'ignorent pas qu'aussi parmi les partisans de ce glorieux drapeau il est des gens qui veulent l'ordre; mais telle est leur conviction de ne pas croire à son retour par les voies que prennent les partisans de ce drapeau pour l'établir; ils pourront imaginer une série nombreuse de victoires qui pourront doubler la hauteur de la colonne de la place Vendôme : ils verront briller dans la région des nuages le drapeau qui la surmonte de tout l'éclat de ses vives couleurs; tout cela à leurs yeux n'est que du vent. Les quatorze années de prospérité dont ils ont joui sont trop présentes à leur souvenir pour qu'un prestige de gloire, qui peut flatter leur orgueil, les dédommage des bienfaits d'un gouvernement qui les rendait heureux; eux, propriétaires, auxquels la paix avait donné le moyen de faire des expériences agricoles qui avaient doublé leur aisance ; eux, spéculateurs qui avaient enté leur fortune au sommet de la gloire française, qui leur avait donné des honneurs, des richesses ; eux, négocians en toute sorte de produits ; eux, fabricans d'objets d'utilité que mettaient en vogue l'accroissement de l'aisance générale ; eux, fabricans d'objets de luxe que les richesses croissantes avaient encouragés ; enfin eux, manipuleurs ou fabricans subalternes dont on a si indignement rogné le salaire.

Les hommes de l'opinion, de l'unité monarchique conditionnelle, sans doute aussi voudraient l'ordre, voudraient voir prospérer l'agriculture, le commerce ; voudraient que les arts en se développant déversassent sur les populations qui les cultivent l'aisance et les richesses, mais sous l'influence des prestiges de gloire dont ils sont idolâtres, qui peut-être brille plus sur leur front que sur celui des autres Français : ne sont-ils pas dans l'aveuglement ? Il se peut, en effet, que les chaînons qui lient les sociétés retiennent les élans que les sciences, les arts peuvent faire ; qu'une hiérarchie nouvelle, un ordre de choses basé sur l'espoir de leur donner à la fois plus de développement, une application mieux appropriée aux besoins de l'humanité, puissent ajouter au bonheur des peuples ; les apôtres du saint-simonisme qui représente à mes yeux l'opinion extrême, opposée à celle que l'on qualifie de carliste, le pensent ainsi ; ont-ils déjà fait assez de recrues pour entreprendre de tirer le char de la civilisation de l'ornière profonde dans laquelle il chemine ? Les hommes sages, clairvoyans, habiles et puissans, qui l'ont retenu dans cette ornière, d'où il était prêt à sortir, veulent-ils parcourir la carrière qu'ils avaient ouvert de concerte avec les saint-simoniens ? Regretteraient-ils d'avoir arrêté leurs élans ? on ne peut voir le fond de leur pensée, mais on le devine. Pour mon compte, je rends hommage aux vœux que je suppose qu'ils ont formés ; leur plan est-il de nature à pouvoir se réaliser ? Je m'arrête sur ce point ; mais je leur dois la vérité , et je ne la célerai point, assez d'autres l'ont dite : puissent-ils avoir pour mes expressions l'indulgence que réclame l'opinion que j'ai conçue de leur sagesse et de leur habileté ? J'ai mis en présence dans une brochure intitulée : *de la Monarchie et de la Propriété*, qui a été reçue avec quelqu'indulgence , la monarchie héréditaire et la monarchie élective. Je n'ai fait que quelques applications à la royauté nouvelle qui cherche à réaliser au profit de la France des théories bienveillantes, dont les efforts ne peuvent parvenir à inspirer une sécurité suffisante pour dédommager la France de ce qu'elle a perdu. Ce qui donnait surtout cette sécurité aux spéculateurs, était l'union nécessaire et présumée durable qui existait entre la France et les autres nations du continent : celle qui existe aujourd'hui n'est considérée que comme provisoire ; la paix armée dont nous jouissons paraît peu durable ; le gouvernement légitime de la branche aînée

avait pour appui le vœu de l'Europe ; malgré la bonne intelligence qui règne entre
les puissances continentales et la France
aujourd'hui, bien loin de servir de point
d'appui au trône de Louis-Philippe, les autres souverains le renverseraient s'ils pouvaient. On ne persuadera à aucun des
hommes qui hasardent des fonds dans le
commerce, quelque grande que soit leur
sympathie pour un trône populaire, que les
souverains qui sont assis sur un trône que
leur ont transmis une longue suite d'aïeux,
consentent à étayer ce trône, qui en s'éle-
vant a ébranlé le leur ; quelque rassurés
qu'ils puissent l'être sur les vues pacifiques du
prince qui règne, ils ne s'allieront avec lui
que par nécessité. On doit se rappeler que
Napoléon au milieu de sa gloire ne compta
jamais sur les souverains qui paraissaient
unis avec lui, même par le lien du sang.
Un roi qui n'est pas au même titre qu'eux,
leur paraît un surpateur. Nous avons vu des
ambassadeurs de Russie, d'Autriche, d'Espagne qui témoignaient de la bonne intelli-

gence qui régnait entre les souverains de ces royaumes et Napoléon ; l'empereur d'Autriche lui avait donné sa fille en mariage : le plus acharné des souverains contre lui a néanmoins été ce souverain. Ces choses sont trop récentes pour que l'on en ait perdu le souvenir. Auraient-ils plus de bonne foi dans leurs relations avec le roi des Français ? Ces souvenirs, ces craintes empêchent la confiance de naître ; on ne peut attribuer à autre chose l'état de détresse du commerce. Déjà l'opposition s'alarme de la nécessité des lois d'exception pour soutenir une monarchie qui a peu d'appui dans la sympathie des peuples, qui ne vit que d'un passé que la gloire pouvait seule décorer de couleurs séduisantes ; c'est dans le portefeuille de Napoléon qu'on cherche des plans propres à asseoir une dynastie à laquelle il manque surtout pour être durable et heureuse le frêle rameau d'un chêne antique, pour protéger entr'autres les branches écartées devenues si précieuses aujourd'hui que la chèvre a brouté le rameau principal.

Les hommes qui ont fait leur fortune sous la restauration, et certes le nombre en est grand, se refusent à envisager un avenir qui leur plaît moins qu'un présent qui ne peut durer; ils se croient sur le chemin des honneurs qu'ils imaginent qu'ils n'auraient pu obtenir sous la restauration; ils avaient eu le tort d'arriver plus tard que les autres; ils n'ont pas craint pour les obtenir de jouer dans les rues au jeu des barricades, avec les ouvriers, les fruits de leurs savantes spéculations. Quelques uns ont englouti leur fortune sous des pavés; d'autres trouvent bon de demeurer dans la douce, mais trompeuse illusion que leurs rêves sont tout entiers réalisés; ils se croient sur la voie des honneurs qu'ils enviaient; les insensés! cette illusion se prolongera-t-elle? faudra-t-il quinze ans pour les désabuser? Leurs trésors ne sont que dans la pensée; il suffirait de quatre hommes en Europe qui soufflassent dessus pour les réduire en fumée.

Ne craint-on pas que les troupes, qui dissimulent peu leur mécontentement d'avoir été sans cesse employées à se battre contre leurs concitoyens, que l'on s'était plu à nourrir dans des sentimens d'horreur pour la pénible tâche que l'on leur fait remplir dans l'Ouest, qu'elles ont rempli dans le Midi, à Lyon, à Grenoble, au profit d'un gouvernement qu'elles servent surtout dans l'espoir d'une guerre dont elles se sont long-temps bercées et qui leur paraît s'éloigner chaque jour, ne se prononcent et refusent un service qui leur déplaît et les fatigue. Napoléon craignait de voir ses troupes, réduites à cesser de combattre, semblables à la garde prétorienne. Son armée, quelque admiration que lui inspirât ses hauts faits, n'ignorait pas ce qui se faisait à Rome au temps où il suffisait à un général de plaire à quelques légions et de leur promettre une rétribution pour être élevé sur le bouclier, être proclamé empereur. Ce nouveau mode d'élection serait moins funeste que les rêveries chimériques des républicains ou du saint-simonisme ; il n'est peut être pas loin de se réaliser déjà : l'armée brûle de témoigner sa valeur, elle est mécontente de se voir confondue avec des hommes étrangers à la vie des camps, ou ne tirer l'épée que contre des réfractaires ou des jeunes gens, qui désirent de voir s'allumer en Europe une guerre dans laquelle ils se promettent d'acquérir une gloire dont ils sont idolâtres, et avec lesquels elle sympathise. On se souvient comment Napoléon parvint au pouvoir : ceux qui siégeaient dans la chambre législative à Saint-Cloud, et l'Europe après eux, s'en souviennent. Ne se pourrait-il pas qu'un jour un général entreprenant et chéri du soldat ne trouvât dans les chambres même autant de sympathie que ce qu'en a trouvé monseigneur le duc d'Orléans dans la chambre des 221 ? Que de chances contre un pouvoir qui ne vient pas de loin, qui ne s'appuie que sur des factions ou sur des baïonnettes, pour lequel au besoin l'Europe ne s'ébranle pas ! Napoléon s'appuyait sur l'armée, il a épuisé tard, il est vrai, mais à l'époque où le prestige du drapeau tricolore s'était effacé dans l'étranger comme en France, toute la puissance de cette armée. Un souverain qui ne pourrait uniquement compter sur l'armée, mais sur la sympathie d'une faction haineuse, jalouse ou imbécile, tomberait jouet des autres factions. Que l'on fixe son attention sur ce point : qu'ont été partout, et en tout temps, les armées? Un caprice, une intrigue, l'espoir d'un butin, quelquefois une légère rétribution, les déterminent.

CHAPITRE IV.

Des choses, des personnes et des circonstances qui peuvent influer sur le désarmement et le rendre opportun.

LA révolution de juillet en France ; la révolution de septembre en Belgique ; les événemens des états de la confédération germanique, ceux de Pologne, ceux d'Espagne, de Portugal, d'Italie, d'Angleterre, ceux d'Egypte, de Turquie, ont mis les armes en main à une innombrable population ; soit les troupes régulières, soit les milices bourgeoises, semblent être armées pour un engagement prochain. On dirait que des fleuves de sang vont rougir la surface de la terre de notre hémisphère. Chacun est animé par le désir de voir triompher l'opinion qu'il a adoptée. Si les souverains n'eussent exercé leur influence, si leur puissance n'eût été de nature à pouvoir arrêter cet élan général des peuples, l'Europe ne serait plus qu'un vaste cimetière dans lequel se serait engloutie toute une génération. Avaient-ils prévu les conséquences probables de ce conflit les hommes qui nourrissaient par leurs maximes habilement semées les esprits d'idées subversives de l'ordre qu'ils ont si gravement compromis? Plus sages qu'eux, peut-être, les populations auraient reculé, auraient frappé du glaive ceux même qui avaient armé leur bras. Heureusement ces hommes se sont divisés, leurs rangs se sont éclaircis ; les plus éclairés, les plus sages, les ont désertés ; il ne reste plus parmi eux que quelques hommes de courage qui bientôt même se réuniront aux plus sages ; les plus mutins demeureront encore jusqu'à ce que la réflexion et la lassitude les aient rendus inoffensifs.

L'ordre commence à renaître : quelques pays seulement encore offrent l'aspect de l'irritation, qui est la conséquence naturelle de l'insurrection générale qui a eu lieu ; il ne s'agit que de le consolider. Les hommes qui ont les moyens de le faire ont-ils adopté un plan ? Le suivent-ils avec constance ? Ce plan doit-il nous donner l'ordre ? Je me plais à le penser ; qu'ils souffrent que ma faible voix articule quelques paroles à titre d'avis , c'est l'amour de l'humanité qui les dicte ; c'est un besoin pour moi de les prononcer.

Ainsi que je l'ai avancé plus bas, l'Europe est une d'intérêt et solidaire, et nous sommes Européens ayant d'être Français , comme nous sommes hommes avant tout. Nos devoirs naissent et se confondent avec notre intérêt : l'homme , l'Européen, le Français sont frères : l'intérêt national , les devoirs de l'homme envers son pays ne viennent qu'après ceux qui le condamnent au besoin à s'immoler à l'humanité. Consacrer une autre morale est consacrer l'égoïsme ; dans ce siècle où les devoirs de tout genre sont méconnus , c'est le désintéressement surtout qu'il faut placer en première ligne de nos devoirs. Ce serait donc une chose contraire à nos devoirs comme à nos intérêts de vouloir nous isoler sur ce grand continent et repousser une solidarité à laquelle on aurait d'ailleurs le droit de nous contraindre. S'il était un moyen d'échapper par la force aux charges qu'elle nous impose, ce serait de notre part une usurpation; je ne conçois d'ailleurs aucun avantage pouvant résulter de notre isolement. Lorsque nous avons élevé le contingent de nos troupes régulières, les hommes qui gouvernaient s'attendaient à une attaque sur tous les points de la part des puissances voisines pour nous forcer à nous replacer dans la même condition de solidarité qui était la principale garantie qui résultait pour elles du système d'ordre qu'elles ont le droit, non de nous imposer, mais de nous forcer à reconnaître comme moyen commun de conservation. Le bon plaisir de la France leur a paru avec quelque raison tout aussi funeste par ses conséquences que le bon plaisir du souverain le paraît aux amis de la république. Les puissances se rappellent qu'en vertu de ce bon plaisir leur trône a chancelé ; quelques uns se sont écroulés. Sans répudier la gloire de nos armes, je ne puis voir le triomphe de la justice dans les victoires de la république, dans celle de Napoléon. Avions-nous besoin de tant de hauts faits pour témoigner de notre valeur ? Montesquieu le dit : « Il « n'est rien à quoi un peuple s'accoutume « aussi facilement qu'à faire la guerre. » La révolution de juillet, nos levées spontanées, cette propagande semée, ont fait un devoir de s'unir, de se lier par une solidarité nouvelle motivée sur un nouveau besoin aux puissances de l'Europe pour nous faire rentrer dans l'union à laquelle nous avions échappé ; pour nous forcer à partager avec elle leur bon ou mauvais sort ; pour résister à l'esprit de conquête qui avait séduit tant d'hommes en France, qui avaient trouvé des moyens de fortune en faisant d'abondantes moissons de gloire.

Le système européen appliqué aux besoins qu'a fait naître la révolution de juillet est tout là ; l'Europe a craint que les factions en France ne renouvelassent les guerres de la république ; que quinze ans de guerre souterraine ou de propagande ne portassent ses fruits, ne fissent de l'Europe ce que sont les contrées inhabitées, les grands continens où les révolutions ont dissous les sociétés qui les recouvraient. Pour éviter de tels maux, les hommes sages de tous les pays se sont groupés autour des monarques pour les repousser. Le gouvernement français, foulant aux pieds les turbulens et les mutins, me paraît faire partie de cette sage et conservatrice coalition; jusque-là tout est bien, et malgré quelques circonstances que je tais et qui paraîtraient devoir m'induire à croire que la France ne fait pas cause commune avec les puissances de l'Europe, je ne puis que donner des éloges aux hommes qui nous gouvernent.

Il se peut que les gouvernemens soient dominés par l'erreur ou la crainte ; je dois proclamer ici des vérités qui, exprimées par une voix de plus, ne sauraient opérer qu'un retentissement utile à des oreilles que des tampons d'ambition et d'intérêt propre pourraient parvenir à fermer.

L'Europe est en arme, pourquoi s'est-elle armée ? pour l'ordre, me répond-on ; mais pour l'obtenir il faut autre chose que des baïonnettes et des canons. On aurait beau mitrailler, l'ordre n'en serait pas plus assuré ; l'ordre naît de la justice, et la cause de la justice triomphe mieux par la raison que par la violence, par la conviction que par la terreur. Depuis 1789, nous n'avons eu la paix et l'ordre à la fois que sous la restauration ; si l'on a fait deux fois l'expérience du rétablissement de l'ordre par des moyens doux, justes, exempts de violence, pourquoi ne tenterait-on pas de le rétablir par ces voies ? Nous tenons l'ordre sous les verroux ; une grande princesse savait qu'elle était un moyen d'ordre, rien ne l'a arrêtée ; elle est venue à travers l'anarchie, les poignards, se livrer aux mains qui tentaient de le rétablir par la mitraille et les baïonnettes, mais il restait sans doute quelques expériences à faire encore. Rappelons-nous deux invasions toutes contre le vœu des princes que nous avons condamnés à l'exil; les Bourbons se mirent deux fois entre les étrangers et nous. Les étrangers avaient de nombreux griefs; la Pologne et sa couronne élective étaient un objet de moins de trouble pour eux que ceux d'une monarchie qui avait échappé à la solidarité conservatrice et réciproque qui forme le système continental. Loin que la France témoignât le désir de la paix sous les nouveaux gouvernemens qu'elle s'était donnés, elle se montra au contraire hostile à tous, parce qu'elle savait que le principe de l'insurrection admis doit amener les conséquences qui en dérivent; la France agissait conséquemment à son principe, elle les repoussait sans prévoir alors ce qu'il adviendrait plus tard, et comme des hostilités ordinaires, espérant chacune peut-être du désordre retirer quelque profit. L'expérience cruelle qu'elles ont subie les a désabusées. Loin de favoriser la révolution comme elles le firent, ou se mettre séparément sur le pied de la repousser, elles se sont toutes renfermées dans un même système d'union, de répression, de solidarité; les yeux fixés sur la révolution, elles savent qu'il s'agit pour elles de succomber sous ses coups ou de la vaincre. Elles attendent un moment favorable.

Napoléon n'imaginait pas sur le rocher de Sainte-Hélène, que si les puissances qui l'avaient placé au milieu de l'Océan, pour l'isoler des continents dans lesquels son génie, en se développant, eût pu trouver des guerriers prêts à combattre pour sa cause, pouvoir résister aux puissances unies. « Ce qui m'a perdu, disait-il, c'est « surtout que ma dynastie n'était pas assez « ancienne. Je me serais relevé du pied des « Pyrénées mêmes, si seulement j'eusse « été mon petit-fils *. »

Souvenons-nous de la Pologne : l'ab-

---

* Chateaubriand, pag. 89, *de la Captivité de* Madame.

sence du principe de l'hérédité de la couronne sur cette terre de héros a causé la radiation de sa nationalité. Souvenons-nous de deux invasions en France, dont l'objet eût été, n'en doutons pas, si nous eussions repoussé la monarchie légitime, le démembrement de nos provinces. Ne nous exposons pas à revoir encore une fois les étrangers souiller le sol français, nous avons assez fait pour la gloire. Songeons aux paroles sublimes de la mère de celui que la providence sauva du poignard de Louvel. Lorsqu'elle dit en parlant des étrangers : « Je ne veux pas que ces gens-là « aillent faire les logemens de mon fils. » Trompée sur l'instant d'une invasion, retardée peut-être seulement pour observer les effets de la présence de MADAME en France ; ces paroles, dont M. de Chateaubriand nous garantit la vérité, doivent fixer notre attention. MADAME, si elle n'est pas la confidente des souverains, du moins doit-elle avoir connaissance d'un projet tel que celui d'une invasion ; tout porte à croire qu'elle est décidée dans le conseil des rois : MADAME est venue pour la prévenir ; tout l'indique ; l'intérêt des étrangers aurait-il empêché le triomphe de sa cause ? Ne se pourrait-il pas que, se croyant assurés de vaincre comme à Waterloo, ils eussent paralysé ses efforts ? Ils ne sont plus en présence d'un si grand capitaine et savent le chemin de la France. Ils sont là peut-être ! Mais les troupes prussiennes ont remis l'épée dans le fourreau : ne nous fions pas à de telles démonstrations.

Parisiens, vous êtes en première ligne : l'espoir du butin qu'ils emporteraient dans leur patrie, après le sac d'une ville est qui la plus riche du monde, a pu séduire les troupes étrangères, leur faire désirer de retourner en France ; tant de marches et de contre-marches ne présagent rien que de funeste. Fiez-vous à la veuve de Blaye ; hélas, elle est peut-être trompée elle-même ; peut-être le sort de la Pologne nous est-il réservé !...

J'ai signalé des dangers, je dois indiquer des moyens de les éviter : ce n'est pas aux hommes seuls du pouvoir que je m'adresse; c'est à ceux à qui le nom français est cher; aux hommes que l'erreur ou l'enthousiasme ont égarés, dans l'esprit desquels les chimériques désirs d'amélioration ont presque éteint tout sentiment de prudence; qu'ils y songent, ce ne serait pas par d'héroïques et communs efforts que nous pourrions braver l'étranger; que gagnerons-nous à l'attendre? Que nous importerait de succomber avec gloire, si nous devions demeurer comme ces infortunés polonais sans patrie? Une négociation ne pourrait-elle s'ouvrir entre les hommes de diverses opinions? Le Midi, la Vendée ne peuvent devenir la conquête d'un gouvernement qu'ils méconnaissent. Ne serait-il pas mieux, sinon de les satisfaire, du moins de les écouter et de transiger avec eux? Faut-il offrir à l'Europe l'aspect de deux camps? Gardons-nous surtout que l'étranger fasse pencher la balance!

Pour opérer le désarmement, si désiré

par tout le monde, parce qu'il rendrait à l'agriculture des bras, la confiance aux spéculateurs, la sécurité à tous, il faut que l'ordre soit assuré : il serait imprudent de désarmer dans de telles circonstances ; il existe trop de fermens de désordres en Europe, trop de dangers pour la nationalité de la France. Attendons que, réunis d'opinions par la réflexion et le temps., nous puissions opposer aux étrangers une résistance qui puisse les faire repentir des projets qu'ils peuvent avoir formés pour nous mettre désormais hors d'état de leur donner des craintes.

CONCLUSION.

Je dois placer sous les yeux de mes lecteurs un résumé de toutes les observations que j'ai faites dans le courant de cet ouvrage ; ils seront bien aises de trouver en raccourci tout ce qui a été l'objet de mes recherches. Après avoir ramené ces diverses observations, nous démontrerons que la conclusion qui a été l'objet principal de notre dernier chapitre est la seule naturelle, et les moyens que j'indique les seuls applicables à l'état des choses.

Les devoirs de tous les hommes, de tous les peuples, sont de se prêter mutuellement secours, de se rendre réciproquement chacun tous les bons offices qu'il dépend d'eux. Partant de ce point, quelles sont les obligations qui nous sont imposées ? quels sont les bons offices que nous pouvons rendre ?

Nos devoirs sont de prendre en toute circonstance l'initiative du bien ; suivons cette maxime du droit public : *Fais à autrui ce que tu désires qui te soit fait à toi-même ;* pesons nos torts , pesons nos griefs ; publions - les en présence de l'Europe : après un tel aveu , nous pourrons espérer que les autres sociétés reconnaîtront les leurs.

Je commence donc par confesser les torts de la France.

Je prends la France à l'époque où les idées philosophiques, foulant aux pieds la religion et la morale , elle a prétendu reconquérir, au profit du peuple , des droits qui , disait-on , avaient été méconnus.

Il y a de toutes parts de grands torts : les puissances ont les premiers, à moins que l'on n'accuse Louis XIV d'avoir été victorieux dans la plupart des guerres qu'il a entreprises.

Il est facile de s'apercevoir par le silence des puissances, à l'époque de nos premières dissensions civiles, en 1789, de la jalousie qui les dévorait contre la maison de Bourbon : certes, elles ont lieu d'être satisfaites, et la position dans laquelle elles peuvent la contempler devrait les avoir désarmées.

Livrée à l'anarchie en présence de l'Europe, à l'époque où des vertiges s'étaient emparés de tous les Français, circonstance dont je ne prétends pas accuser la France, parce que le vertige est une maladie de l'esprit, et qu'on n'est pas coupable parce que l'on a des vertiges et même de la folie, la France vengea ses princes, et la nation légitima les victoires de la maison sacrifiée à la haine, à la jalousie, par des victoires nouvelles. Déçus dès lors dans leur espoir d'avoir chacun un morceau du royaume que, comme un gâteau, ils voulaient se partager, les souverains commencèrent à reconnaître leurs torts; les massacres, les guerres, les meurtres, le régicide, parurent le complément d'un système qu'ils avaient suivi depuis que Richelieu avait élevé ce royaume à un si haut point de prépondérance politique. Ils avaient écrasé une propagande funeste. La maison de Bourbon tomba, mais la France demeura avec ses vertiges, ses idées de conquêtes, ses victoires; la vengeance du ciel, dont elle était le bras alors, soit dans son état de république, soit sous Napoléon, donna au monde, aux peuples, aux souverains, un spectacle qui demeurera dans l'histoire comme une des époques les plus mémorables : cette époque leur a servi de leçon. Tout prouve qu'ils en ont profité, sinon dans l'intérêt de l'humanité, du moins dans leur intérêt propre, qui, heureusement, se trouve toujours être aussi l'intérêt des peuples qu'ils gouvernent.

Le système d'insurrection domine en Europe; il n'est plus armé du génie et du bras d'un si grand capitaine que celui que le système d'ordre, d'union et de paix ont désarmé : l'homme prodigieux n'est plus; ce ne sont plus que les queues de ce système qui, semblables à celles de ces reptiles qui remuent encore long-temps après en

avoir été séparées, se meuvent aujour-
d'hui......

L'Europe attentive fixe son œil sur la France : les châtimens du ciel doivent-ils encore partir de ce point ? Leur trône chancelle-t-il ? L'esprit de conservation a-t-il remplacé l'esprit de conquête qui les domine ? La France, l'Europe, doivent-ils espérer une longue paix ?

Nous croyons pouvoir répondre à toutes ces questions ; indiquer un moyen de satisfaire à tous les besoins des peuples ; rassurer l'Europe, la France, en proclamant les moyens que nous avons indiqués comme les seuls capables d'obtenir un aussi heureux résultat : ces moyens sont d'éteindre l'esprit d'insurrection et faire triompher le système d'ordre, d'union et de paix que l'expérience a démontré à deux époques subséquentes répondre aux vœux de tous les amis de l'humanité.

Occupons-nous maintenant de la France ; tâchons de découvrir s'il est un moyen d'obtenir l'ordre, l'union, la paix parmi nous, sans recourir aux moyens qui par deux fois l'ont fixé.

L'ordre règne en ce moment, si l'on peut appeler ordre l'obéissance passive que l'on obtient par la crainte : sans doute la crainte est un moyen naturel d'ordre, mais ce moyen ne doit être employé en temps ordinaire que contre quelques perturbateurs : lorsque l'ordre règne et qu'une société est heureuse, à peine quelques hommes sont envoyés devant les tribunaux : c'était ainsi sous la restauration ; depuis, les tribunaux sont encombrés, ainsi que les prisons.

Veut-on appeler ordre l'état de choses qui a duré depuis 89 jusqu'au règne de Napoléon ? Cela ne viendra dans la pensée de personne. Appellera-t-on l'ordre, le règne de Napoléon ? Quant à moi, je ne saurais appeler l'état de guerre permanent un état d'ordre : l'ordre est à mes yeux synonyme d'arrangement naturel non forcé ; malgré la grande capacité de Napoléon, j'appellerai le régime qu'il avait introduit en Europe un désordre permanent; en France un système contre nature d'organisation guerrière propre à désordonner et à vaincre les résistances à un ordre qui était contraire à l'ordre naturel, bonheur des peuples. J'appellerai ordre, état prospère, naturel, sans violence, système de liberté, le régime de la restauration. On sait ce que je pense du régime actuel, je ne reviendrai pas sur ce point; s'il est vrai que l'ordre règne aujourd'hui, pourrons-nous espérer que cet ordre se maintiendra?

On compte sur les troupes pour maintenir l'ordre : que l'on s'en souvienne, Napoléon, qui avait quelques raisons de plus de compter sur elles, y comptait peu; disons plus, il craignait une sédition dans l'intérieur en temps de paix parmi elles.

C'est avec quelques raisons qu'il se défiait de ses troupes. Qu'on y songe ; si un seul régiment s'insurgeait, que deviendrait l'ordre? Que serait-il devenu à Lyon, à Grenoble, dans l'Ouest, dans le Midi, dans une foule de circonstances? Le sort de la

France dépend d'un colonel, ou même des officiers subalternes qui, en état de rébellion, rendraient notre position bien critique. Les régimens ont toujours bien répondu aux demandes qu'on leur a faites ; je demanderai s'il en a été ainsi sous Charles X, et les troupes ne murmuraient pas alors. Un embrasement général peut avoir lieu : pense-t-on que l'on ne trouverait pas, si les troupes hésitaient un instant, la république sous les pavés de Paris ? Dans tous les temps, lorsqu'un gouvernement n'a pas de racines dans le passé ; lorsqu'il n'est pas appuyé sur les vœux de ses voisins, son isolement rend son existence incertaine ; une fluctuation d'idées de tout genre réveille l'esprit d'insurrection et le place dans une condition précaire. Les Anglais en sont un exemple : des troubles continuels font de ce peuple isolé un peuple turbulent ; le commerce seul peut le détourner de ces mouvemens convulsifs qui l'ont désolé tant de fois, qui le désolent aujourd'hui qu'il est plus occupé par les spéculations de négoce. Si l'on veut la paix, il faut trouver les moyens de l'assurer en Europe. Ce n'est pas sans danger pour ce grand territoire qu'une révolution en agite une partie ; les révolutions y sont ce qu'est dans une ville pour les maisons qui forment une île l'embrasement de l'une d'elles.

Que l'on ne compte point donc autant que l'on le fait sur les moyens d'ordre que l'on possède en France : les moyens d'ordre les plus assurés sont une conformité de régime qui admette néanmoins de grandes modifications, mais surtout une solidarité que rien ne peut rompre entre les sociétés unies par des relations de voisinage ; cette solidarité contre laquelle l'on s'est élevé en l'attaquant dans la sainte-alliance dont nous sentons aujourd'hui l'importance, peut seule nous donner la paix, donner la confiance qui manque aux hommes qui vivent de spéculations commerciales, qui procurent aux classes inférieures de la société des travaux journaliers propres à alimenter un luxe qui n'aura de dévelop-

pement que lorsque ceux qui possèdent des
richesses, dont l'existence, fixée et garantie
par un gouvernement sage et fort, se livre-
ront au caprice de leur goût pour les produits des arts et des objets qui favorisent
la vie molle à laquelle une civilisation avan-
cée les a accoutumés.

L'on aperçoit maintenant la connexité
des rapports qui existent entre les sociétés;
l'on doit apercevoir les moyens propres à
satisfaire aux désirs de tous les amis de
l'ordre. Une révolution en France alarme
l'Europe; il est important de la rassurer
si nous voulons nous-mêmes obtenir cette
sécurité dont l'absence nous est si funeste.
L'Europe voit l'état précaire de la France
comme les amis de l'ordre qui habitent ce
pays; elle sait que la France a rompu tous
les liens qui l'attachaient au passé; que ces
liens aboutissent au passé du pays qui,
loin d'avoir rompu ces liens, veulent les
fortifier; qu'il existait entre elle, depuis
quatorze ans, des liens de bon voisinage.
Aujourd'hui la France, aux yeux de l'Eu-

rope, est une armée qui gouverne le pays sous les auspices d'un chef qui n'a que peu de connaissances de l'art militaire, qu'elle a à peine vu dans ses rangs. Le premier chef qui lui parlera de la gloire peut la séduire, la détacher de son chef pacifique et bienveillant ; elle peut se ruer sur l'Europe ; les républicains l'appuieraient au besoin : dans ce cas, il serait même inutile de dépaver les rues de la capitale. On ne sait jusqu'à quel point la sympathie de l'armée est grande pour le gouvernement français ; l'on ne peut donc prévoir l'instant d'une insurrection ; il n'est permis que de la craindre ; on ne sait aussi jusqu'à quel point l'insurrection partielle de cette armée pourrait opérer de désorganisation. Nous vivons sur le passé que nous avons créé depuis juillet ; sur les souvenirs des troubles qui ont été réprimés à Lyon, à Grenoble, à Paris et dans d'autres localités. Si ce passé rassure quelques hommes en France, peut-il rassurer l'Europe ? Ferons-nous encore l'expérience de la fidélité d'un corps dont certes je ne doute ni du dévouement ni des autres vertus guerrières ? L'on sait ce qu'est une armée en temps de paix ; Napoléon ne l'ignorait pas. Quant à moi, je suis rassuré par l'habileté des hommes qui nous gouvernent ; chaque jour, à mes yeux, ils consolident l'ordre : je voudrais les voir se diriger vers l'ordre naturel ; il n'en est pas ainsi. Plus tard peut-être ils en reconnaîtront la nécessité. Combien serait heureuse la France si Charles X eût composé son ministère d'hommes semblables à ceux qui gouvernent aujourd'hui ! Un cinquième des efforts tendant à soutenir l'édifice révolutionnaire, employé pour soutenir le gouvernement légitime, eût placé l'Europe et la France surtout dans l'état le plus prospère.

Après toutes ces considérations, savoir la division des esprits, l'état d'inquiétude de l'Europe, de la France ; le peu de moyens que nous avons de résister à l'Europe ; les craintes que nous devons avoir d'une invasion, celle d'une révolution, il

serait imprudent de désarmer. Sachons
donc ajouter des sacrifices à ceux que nous
avons déjà faits.

Il me resterait un important devoir à
remplir, si je terminais cet écrit sans join-
dre l'expression de ma douleur à celle de
tant de Français sur le sort de l'infortunée
duchesse de Bérri. Protester contre une
détention arbitraire, témoigner sa douleur,
est un acte commun à tous ceux qui se glo-
rifient d'appartenir à la France monarchique. Œuvre inutile ! douleur amère ! Cette
France languit, non dans l'enceinte d'une
citadelle, comme l'infortunée que quelques malheureux ont voulu torturer, au
sein même de sa prison, par les instrumens
de la plus noire calomnie ; mais dans les
tourmens, dans les tortures de toutes sor-
tes ; elle souffre plus encore de l'infâme
calomnie que l'infortunée, que sa cons-
cience du moins peut consoler. Quels instrumens que ceux dont se servent les malheureux dont le crime est l'arme ordinaire !
combien sont noirs les hommes qui se ser-

vent de pareils moyens pour faire triompher leur cause ! N'en doutons pas, les seules divinités infernales peuvent encore les secourir, et c'est en désespoir de cause qu'ils se servent de pareilles armes.

La liberté, c'est elle que nous invoquons pour celle qui n'a d'armes dans sa prison que la liberté qu'elle offre même à ses ennemis. Tant de perturbateurs qui encombrent les cachots ne seraient pas privés de la liberté, si la prisonnière était rendue à ses amis, si elle remplissait le poste important dont la loi de l'hérédité de tant de siècles l'investissent : liberté, clémence, paix et prospérité à tous, telle serait sa devise, et son pays recommencerait une ère de prospérité, de gloire.

Mais j'oubliais : les puissances de la terre sont sourdes au vœux de la France ! sa famille semble faire taire ses affections ! Est-ce une victime que l'on destine à être immolée ? On l'orne de bandelettes sacrées, on soigne sa chair, comme les grands-prêtres de l'antiquité le faisaient des victimes qu'ils destinaient au sacrifice. Hélas! qu'attendre! qu'espérer! La raison se tait, le vertige, la folie triomphent. Rassure-toi, femme sublime, ta mission vient du ciel; tu l'as déjà à demi remplie; déjà tu as réveillé dans tous les cœurs des sentimens qui n'attendent qu'un instant pour franchir les obstacles qu'on leur oppose! Si les puissances de la terre sont sourdes, Dieu saura faire éclater à temps l'expression des vœux de ceux qui gémissent pour toi et avec toi! Déjà ces hommes, au milieu des vertiges d'une opinion qui n'est peut-être pas sans quelque couleur de vérité, de désintéressement, de dévouement à tout ce qui est grand et généreux, partage les sentimens de tes amis! Ton dévouement, ton courage, tes vertus les ont séduits; déjà ils ont réveillé au fond de leurs cœurs des impressions que n'avait pu effacer ton absence, qui témoignent de leur affliction pour les maux que tu souffres : ils brûlent de les voir s'adoucir.

Réunis par les mêmes sentimens, les

Français le seront peut-être bientôt par les mêmes vœux. Eh ! que veulent-ils, sinon la liberté pour toi, la liberté pour tous ; unité précieuse : eh ! que veux-tu toi-même ? la liberté pour nous, ta liberté.

Puissiez-vous, Madame, recevoir et accueillir l'expression des vœux de tous les Français ; souffrez qu'à genoux aux pieds de l'Éternel, nous élevions de concert nos voix vers le ciel, afin qu'il vous rende cette justice que les puissances de la terre vous refusent.

Qu'ajouterais-je aux accens des grandes sommités littéraires qui ont pu s'élever jusqu'à vous ; aux écrits des Chateaubriand, des d'Arlincourt ? Je dois payer aussi mon tribut ; comment le puis-je, si ce n'est en mettant à vos pieds l'expression de mon admiration, de mon dévouement sans bornes, en même temps que la manifestation de mes motifs d'espérance pour le triomphe d'une cause qui trouve en vous un si puissant auxiliaire.

TABLE DES MATIÈRES.

9 782011 739728